MACH'S in MÜNCHEN

ANNETTE GRANADOS HUGHES

MARCO POLO

HALLO!

MACH'S
im
MÜNCHEN
Hi!

WER BIST DU?

WAS MACHST DU MIT DER STADT?

Was macht die Stadt mit dir?

WIE HEISST DU?

WAS PASSIERT HIER?

DIESES BUCH SPRICHT ZU DIR – ANTWORTE!

DU BRAUCHST

- MINDESTENS 1-22 STIFTE
- DEINEN VERSTAND
- EVTL. LOSES MUNDWERK
    - UNGEZÜGELTE FANTASIE (ZUMINDEST EIN WENIG)
    - EINE SPUR WILLENSKRAFT oder EINE PRISE TATENDRANG
    - EIN PAAR GRAMM REINE NEUGIER

SAG JA

SCHÖN DICH ZU SEHEN

ICH BIN DIE WORTE, DIE BILDER UND DAS GANZE BLABLA IN DIESEM BUCH. SEIT 2002 LEBE ICH IN MÜNCHEN UND BIN IMMER NOCH ON MIT DIESER STADT. MAXVORSTADT - NEUHAUSEN - HAIDHAUSEN HABE ICH SCHON BEWOHNT UND BELEBT, BEWEINT UND BETRUNKEN, BELÄCHELT UND BESPASST.

MINDESTENS 7,5 DICKE SCHWARZE STIFTE UND EINEN CA. 5,4 ZENTIMETER HOHEN PAPIERSTAPEL HABE ICH VERBRAUCHT ZUR SCHÖPFUNG DIESES URBANTELLEKTUELLEN BUCHES, DAS ICH NUN VERTRAUENSVOLL IN DEINE (WILD ZUCKENDEN) HÄNDE ÜBERGEBE. ICH WÜRDE DIR SO GERNE ZUSEHEN, WAS DU DARAUS MACHST ...

... DOCH WÄHREND ICH DIESE ZEILEN SCHREIBE BIN ICH HOCHSCHWANGER, UND JEDEN MOMENT KÖNNTEN DIE WEHEN LOSGEHEN

LERNEN WIR UNS KENNEN!

SPRICHST DU BAYRISCH? NEIN ☐ JA ☐

BIST DU TÄTOWIERT? JA ☐ NEIN ☐

GEHST DU GERN SHOPPEN? JA ☐ NO ☐

MAGST DU MÜNCHEN? JA ☐ NEIN ☐

HAST DU HIER STUDIERT? JA ☐ NEIN ☐

BIST DU HIER SESSHAFT GEWORDEN? JA ☐ NO ☐

Hast du dich hier verliebt? *ja* ☐ *nein* ☐

IST DIE STADT GUT ZU DIR?
meistens ☐ *mal so mal so* ☐
NIE ☐ *immer* ☐ GEHT SO ☐

WARST DU SCHON IM EISBACH? JA ☐ NO ☐

SPIELST DU EIN MUSIKINSTRUMENT?

JA ☐ NEIN ☐

MAGST DU DIE BAYRISCHE KÜCHE? JA ☐ NEIN ☐

SIEHST DU DEINE ZUKUNFT IN MÜNCHEN?
JA ☐ NEIN ☐

GEHST DU GERN AUS? JA ☐ NEIN ☐

HAST DU DIE RUHE WEG? JA ☐ NO ☐

LIEST DU DEIN HOROSKOP?
TÄGLICH □ NIE □ OFT □

Fährst du manchmal in die Berge? JA □ NEIN □

BIST DU SO

YEAH

YES □ NO □ ?

KANNST DU ZÄHNE ZEIGEN? JA □ NO □

LIEBST DU HERAUSFORDERUNGEN?

OHJA □ OHA □

BIST DU HIER AUFGEWACHSEN?
□ JA
□ NEIN

GEHST DU GERN ZU FUSS? JA □ NEIN □

BIST DU EIN POSITIVER MENSCH? JA □ NEIN □

GEHST DU GERN INS KINO JA □ NEIN □

HEULST DU DEN MOND AN? JA □ NO □

TRINKST DU GERN BIER? JA □ NEIN □

HAST DU KINDER? JA □ NEIN □

SCHAUST DU HIN? JA □ NE □

IST DIE STADT DEINE BÜHNE?
JA ▫ NAJA ▫ SOLALA ▫

BIST DU BEREIT? JA □

ZEICHNE EIN
SELFAROID →

ZEICHNE DEN UMRISS DEINER
LINKEN HAND NACH

ZEICHNE DEN UMRISS DEINER
RECHTEN HAND NACH

MEIN PROFIL

FAHRE MIT DEINEM FAHRRAD
QUER ÜBER DAS BUCH

MEIN TAG IN EMOJIS

DATUM ____________________

MORGEN ○ ○ ○ ○ ○ ○

MITTAG ○ ○ ○ ○ ○ ○

ABEND ○ ○ ○ ○ ○ ○

SCHNEIDE DIE PASSENDEN EMOJIS AUS
UND KLEBE SIE ENTSPRECHEND AUF (ODER VERTEILE
SIE WILD ÜBER DAS GESAMTE BUCH)

DATUM ____________________

MORGEN ○○○○○○

MITTAG ○○○○○○

ABEND ○○○○○○

DATUM ____________________

MORGEN ○○○○○○

MITTAG ○○○○○○

ABEND ○○○○○○

KÖNIG-LUDWIG-MAKE-OVER

VERPASSE KING L.
EINEN
HIPSTERBART

LASS
DIESE
SEITE
WEISS

MACH
DIESE
SEITE
BLAU

MÜNCHEN WIKI

FÜLLE DIE LÜCKEN NACH BESTEM WISSEN UND GEWISSEN

MÜNCHEN [mʏnçn] IST DIE __________ DES FREISTAATES BAYERN. SIE IST MIT RUND ___ MIO EINWOHNERN DIE __________ UND __________ BAYERNS. [...] DURCH EINE GROSSE ANZAHL __________, INTERNATIONALER SPORTVERANSTALTUNGEN MESSEN, BEDEUTENDER __________ UND THEATER, WICHTIGER __________ UND HOCHSCHULEN, SOWIE DEM _____-_____ FEST IST MÜNCHEN EIN __________ FÜR DEN TOURISMUS. [...] DER NAME MÜNCHEN WIRD ÜBLICHERWEISE ALS „BEI DEN __________" GEDEUTET.

QUELLE: WIKIPEDIA

[...] DIE STADT MÜNCHEN LIEGT IM ÜBERGANGSBEREICH ZWISCHEN DEM FEUCHTEN ATLANTISCHEM UND DEM TROCKENEN ________. AN CA. ____ TAGEN IM JAHR HERRSCHT DER ________, EIN WARMER, TROCKENER VOM ALPENHAUPTKAMM, DER SO GUTE ____ BEWIRKT, DASS VOM ________ DIE ALPEN ZU SEHEN SIND. [...] MÜNCHEN IST EINE DER WENIGEN DEUTSCHEN STÄDTE, IN DER DIE ZAHL DER ________ DIE DER ____ ÜBERSTEIGT. ES ZEICHNET SICH SOGAR EIN REGELRECHTER ____-BOOM AB. [...] DER DIALEKT

ENTWERFE EIN ANSPRECHENDES FARBKONZEPT FÜR DIE TÜRME DER FRAUENKIRCHE

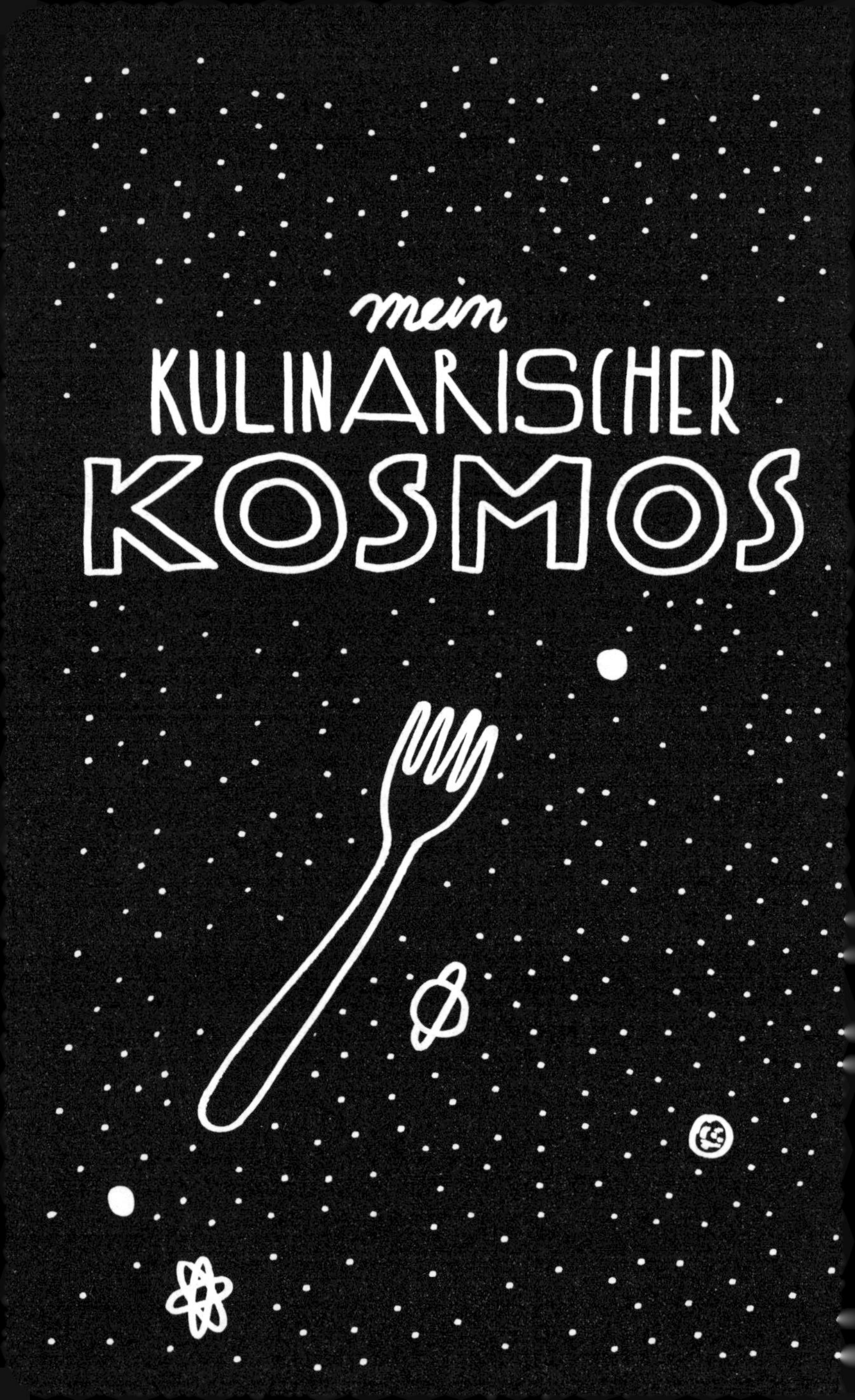
mein
KULINARISCHER
KOSMOS

RESTAURANT ....

DATUM ....

ESSEN ....

KOMMENTAR ....

☆☆☆☆☆ LIKE JA ☐ NEIN ☐

RESTAURANT ....

DATUM ....

ESSEN ....

KOMMENTAR ....

☆☆☆☆☆ LIKE JA ☐ NEIN ☐

RESTAURANT ....

DATUM ....

ESSEN ....

KOMMENTAR ....

☆☆☆☆☆ LIKE JA ☐ NEIN ☐

RESTAURANT ....

DATUM ....

ESSEN ....

KOMMENTAR ....

☆☆☆☆☆ LIKE JA ☐ NEIN ☐

RESTAURANT ....

DATUM ....

ESSEN ....

KOMMENTAR ....

☆☆☆☆☆ LIKE JA ☐ NEIN ☐

RESTAURANT ....

DATUM ....

ESSEN ....

KOMMENTAR ....

☆☆☆☆☆ LIKE JA ☐ NEIN ☐

RESTAURANT ....
DATUM ....
ESSEN ....
KOMMENTAR ....
☆☆☆☆☆ LIKE JA ☐ NEIN ☐

RESTAURANT ....
DATUM ....
ESSEN ....
KOMMENTAR ....
☆☆☆☆☆ LIKE JA ☐ NEIN ☐

RESTAURANT ....
DATUM ....
ESSEN ....
KOMMENTAR ....
☆☆☆☆☆ LIKE JA ☐ NEIN ☐

STAT
LIE

ISTIK

BE

SETZ DICH IN EIN CAFÉ
AN EINEM BELEBTEN PLATZ
UND STELLE DEINE
EIGENEN STATISTIKEN AUF

→

ZÄHLE

SUVS

TRACHTLER

TOURIS

HIPSTER

GRANTLER

ZUAGROASTE

SCHNAUZER

PLATZHIRSCHE

ADABEIS

GUTMENSCHEN

LACKAFFEN

AUFBREZELTE

FÜHRE TASCHENKONTROLLEN
BEI EINER WEIBL. UND EINER MÄNNL.
PERSON DEINER WAHL DURCH.
MACHE AUFZEICHNUNGEN UND NOTIZEN.

MÄNNLICHE PERSON ♂

WEIBLICHE PERSON ♀

WIE VIELE PERSONEN SIND BLOND ___
BRÜNETT ___ ROTHAARIG ___ SCHWARZHAARIG ___
HAARLOS ___ GEFÄRBT ___ GRAU ___ ?

WIE VIELE SIND TÄTOWIERT? ___

WIE VIELE BESCHÄFTIGEN SICH MIT IHREM HANDY? ___

WIE VIELE SEHEN GLÜCKLICH AUS? ___ NEUTRAL ___
UNGLÜCKLICH ___ GELANGWEILT ___ TRAURIG ___

WIE VIELE WÜRDEST DU KENNENLERNEN WOLLEN? ___

IM CAFÉ

DATUM ORT ZEIT

WIE VIELE SINGLES BEFINDEN SICH IM RAUM? ___

WIE VIELE PAARE? ___ WIE VIELE KINDER? ___

IST DIE GRUNDSTIMMUNG IM RAUM POSITIV? JA ☐ NEIN ☐

SCHEINT DIE SONNE? J ☐ N ☐ IST WOCHENENDE? J ☐ N ☐

BEFINDEN SICH TIERE IM RAUM? J ☐ N ☐ WELCHE?

SERVUS ZAMPERL!
GIB WALDIS URENKEL EINEN NAMEN UND VERPASS IHM EINEN BUNTEN ZWIRN

WIE WÜRDE DEIN EIGENES

BIER

HEISSEN?

ABSTRAKTE
BREZN
KUNST

FORME UND BEISSE AUS EINER BREZN EINE ABSTRAKTE SKULPTUR. FILME DEN PROZESS. KLEBE EIN FOTO DAVON EIN ODER ZEICHNE DEIN KUNSTWERK AB.

BEFESTIGE DIE SCHILDER
AUF DEN NÄCHSTEN SEITEN
AN GEEIGNETER STELLE
UND HALTE DIE
REAKTIONEN FEST

WEGEN REICHTUM GESCHLOSSEN

SCHAU WIA I
SCHAU

FRISCH
GESTRICHEN

GESTALT'S DIR SELBST

GESTALT'S DIR SELBST ↴

HEIMWEH
NIMM DIESES BUCH
MIT AUF DEINE NÄCHSTE REISE
UND FANGE DEINE TRÄNEN
DAMIT AUF

DAS
GELD
LIEGT
AUF
DER
STRASSE

↓

FINDE EINEN GLÜCKS-CENT AUF DER STRASSE UND
KLEBE IHN HIER EIN. ER WIRD UNS GLÜCK BRINGE

WAS HAST DU IN LETZTER ZEIT IN MÜNCHEN GETRÄUMT?

SCHREIBE DEINEN TRAUM AUF …

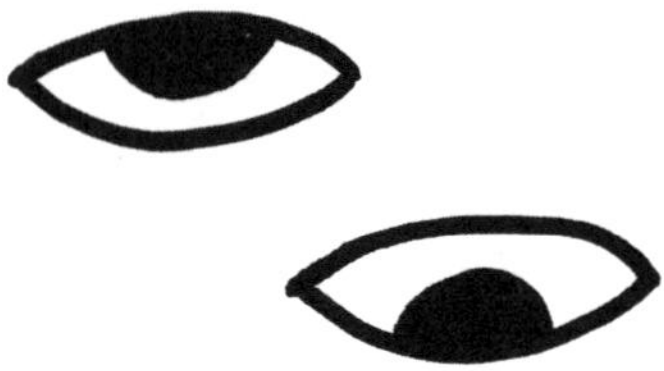

...UND LASS DEINEN TRAUM
VON EINEM GUTEN
FREUND DEUTEN
ODER KRITZLE DEN FREUD
IN DIR HERVOR

SCHREIBE ODER
MALE ALLES AUF,
WAS DU IN LETZER ZEIT
IN MÜNCHEN VERSPEIST
HAST
MÜNCHEN GEHT DURCH DEN MAGEN

MALE DEM BAVARIAN LION EINEN
Bavarian
WRES

GEEIGNETEN WRESTLINGPARTNER

GAUDIMAX

LASS DIR EINEN {DERBEN} BAYRISCHEN
WITZ AUFSCHREIBEN.
ÜBERSETZE IHN
INS HOCHDEUTSCHE.

KURATIERE DEINE EIGENE AUSSTELLUNG UND ZEICHNE DEINE VISION IN DIE BANNER

L'ART *pour* L'ART

PHOTO BOMBING AM MARIENPLATZ

VERSUCHE DICH, AUF SO VIELE TOURI-SELFIES WIE MÖGLICH ZU SCHMUGGELN

(NUTZE DABEI DEN LIKE/DISLIKE-DAUMEN)

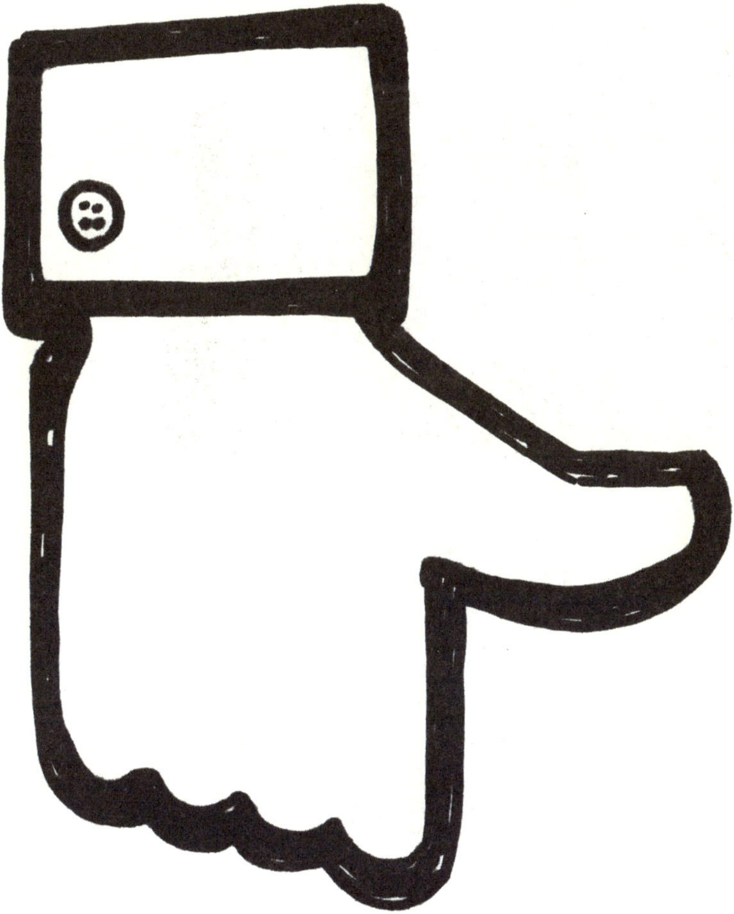

the VOICE of MONACO

SCHLIESSE DIE AUGEN UND NOTIERE ALLE GERÄUSCHE, DIE DU VON DER STADT WAHRNIMMST, UND SCHREIBE SIE WORTWÖRTLICH NIEDER. ES ENTSTEHT WOMÖGLICH WUNDERSCHÖNE POESIE

INSIDER TIPPS

LASS DIR HIER
VON VÖLLIG FREMDEN
(z.B. TAXIFAHRER)
EXOTISCHE TIPPS
FÜR MÜNCHEN INS BUCH
SCHREIBEN

LAUFE MIT DIESER SEITE
AUFGESCHLAGEN DURCH
DEN STACHUSBRUNNEN

MÜNCHEN VON OBEN

BESTEIGE DEN ALTEN PETER
UND ZEICHNE, WÄHREND DU
IM KREIS LÄUFST,
EINE 360°-ANSICHT
VON MÜNCHEN

LEGE DICH
IM ENGLISCHEN GARTEN
AUF DIE WIESE UND MALE DEN
WEISS-BLAUEN HIMMEL AB.

MÜNCHEN VON UNTEN

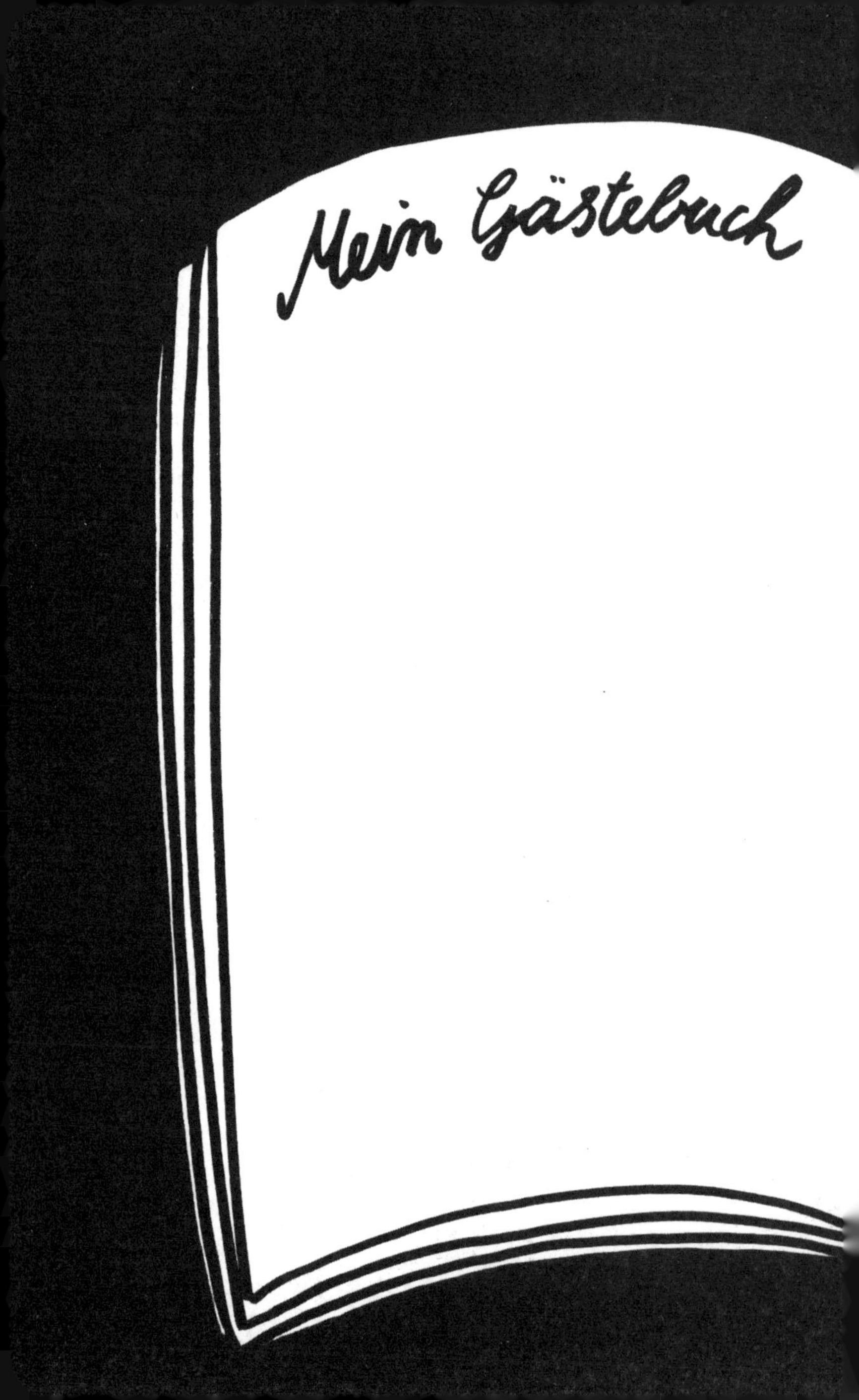
Mein Gästebuch

LASS SICH LEUTE, DIE DU KENNENLERNST, HIER EINTRAGEN...

HINTERLASSE DIE FROHEN BOTSCHAFTEN
IN DER U-BAHN, IM TAXI, IN DER KNEIPE
UND LADE SO DEIN KARMAKONTO AUF

DU KANNST HERAUSHOLEN, WAS IN DIR STECKT

SEI REALISTISCH: PLANE EIN WUNDER

GÖNN DIR HEUTE EINE VERRÜCKTHEIT

DAS UNIVERSUM IST FÜR DICH DA

LASSE LOS UND FLIESSE

GELD ALLEIN MACHT NICHT UNGLÜCKLICH

IM ZWEIFEL: JA!

ICH KANN, WEIL ICH WILL, WAS ICH MUSS!

DIESE NACHRICHT ZERSTÖRT SICH IN 40 SEK. SELBST

* GLÜCKSKEKSBOTSCHAFT FÜR DICH *

* GLÜCKSKEKSBOTSCHAFT FÜR DICH *

* GLÜCKSKEKSBOTSCHAFT FÜR DICH *

* GLÜCKSKEKSBOTSCHAFT FÜR DICH *

* GLÜCKSKEKSBOTSCHAFT FÜR DICH *

* GLÜCKSKEKSBOTSCHAFT FÜR DICH *

* GLÜCKSKEKSBOTSCHAFT FÜR DICH *

* GLÜCKSKEKSBOTSCHAFT FÜR DICH *

* GLÜCKSKEKSBOTSCHAFT FÜR DICH *

HERZILEIN

MALE EIN HERZ
FÜR DIE WELT-
STADT MIT HERZ

FORMULIERE EIN GESETZ,
DAS DU GERNE IN MÜNCHEN
ERLASSEN WÜRDEST

DER LANGE ARM DES GESETZES

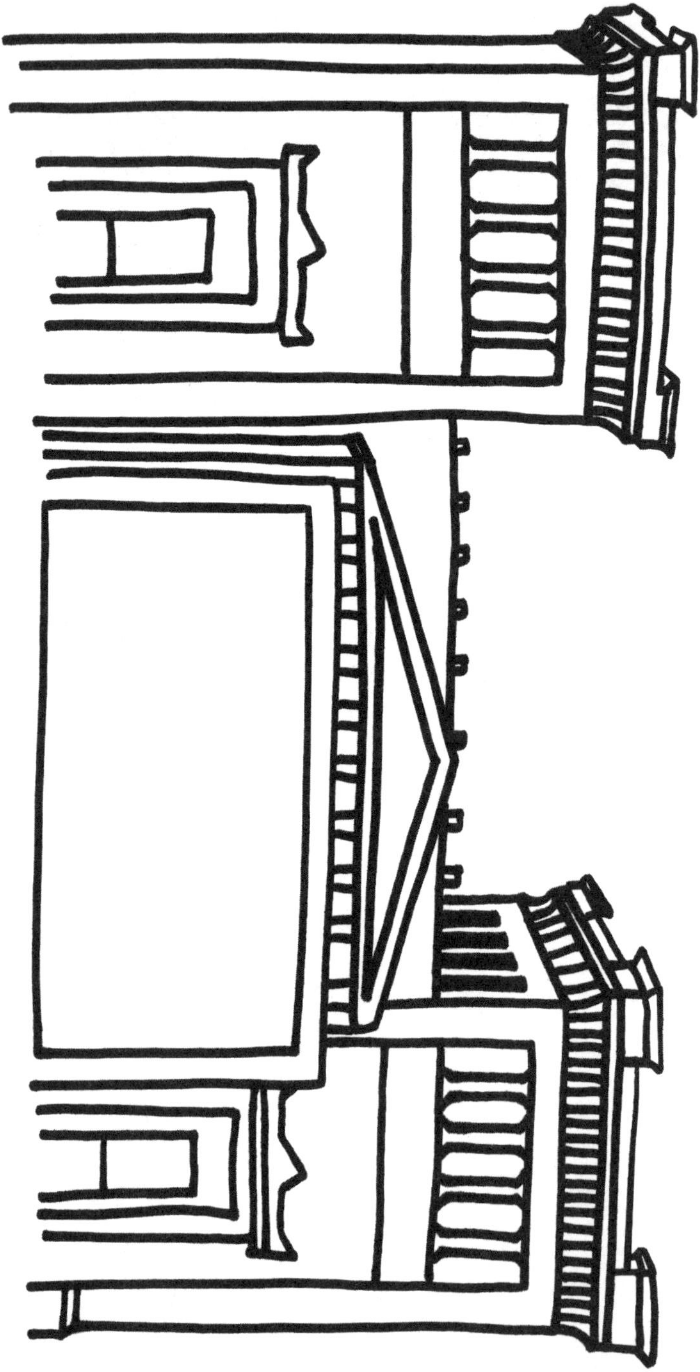

PLANE DEIN EIGENES

OPEN·AIR·FESTIVAL

LINE-UP AM KÖNIGSPLATZ

CRAZY EINKAUFSZETTEL

SCHREIBE EINEN
SCHRÄGEN
EINKAUFSZETTEL
UND VERLIERE IHN
Z.B VOR DEM
DALLMAYR

GIB DEINEN
SENF DAZU

SCHMIERE HIER
EINE GESCHMACKS-
PROBE REIN

MÜNCHNER GSCHICHTN

PORTRÄTIERE DEINE
SITZNACHBARN IM BIERGARTEN
UND DENKE DIR NAMEN UND
BERUFE ZU IHNEN AUS

NAME

BERUF

LEBENSMOTTO

MAG GERNE

MAG NICHT

NAME

BERUF

LEBENSMOTTO

MAG GERNE

MAG NICHT

NAME

BERUF

LEBENSMOTTO

MAG GERNE

MAG NICHT

NAME

BERUF

LEBENSMOTTO

MAG GERNE

MAG NICHT

NAME

BERUF

LEBENSMOTTO

MAG GERNE

MAG NICHT

NAME

BERUF

LEBENSMOTTO

MAG GERNE

MAG NICHT

MEINE MÜNCHNER GSCHICHT

BITTE JEMAND UNBEKANNTEN,
DICH ZU PORTRÄTIEREN UND DEN
STECKBRIEF AUSZUFÜLLEN

NAME

BERUF

LEBENSMOTTO

MAG GERNE

MAG NICHT

GEHE INS THEATER
UND SCHREIBE DIE
BESTEN SÄTZE MIT

ZEICHNE
BLIND
Lady
BAVARIA

LEBKUCHENHERZEN
ZUM AUSMALEN
UND VERSCHENKEN

SEITENSPRUNG

WAGE DEN SPRUNG ZUR NÄCHSTEN DOPPELSEITE UND ÜBERBLÄTTERE DIESE SEITEN ODER HEBE SIE DIR FÜR SCHLECHTE ZEITEN AUF.

MEINE WIESN

WAS WÄRE HIER LOS?

SCHREIBE DEN NÄCHSTEN

MACH EINEN
auf König
LUDWIG

FLANIERE IN KÖNIGLICHER HALTUNG
ÜBER DIE MAXIMILIANSTRASSE
UND GRÜSSE DEINE UNTERTANEN

Spatzerl

WELCHE KOSENAMEN MÖCHTEST DU MÜNCHEN GEBEN?

GIB DEM MÜNCHNER KINDL
EINEN NEUEN LOOK

DAS GROSSE UMSTYLING

SCHREIBE DEIN GRÖSSTES
GEHEIMNIS AUF DIE RÜCKSEITE
DIESES BRIEFES UND
LASSE IHN AUFFÄLLIG LIEGEN.
BEOBACHTE, WAS PASSIERT ...

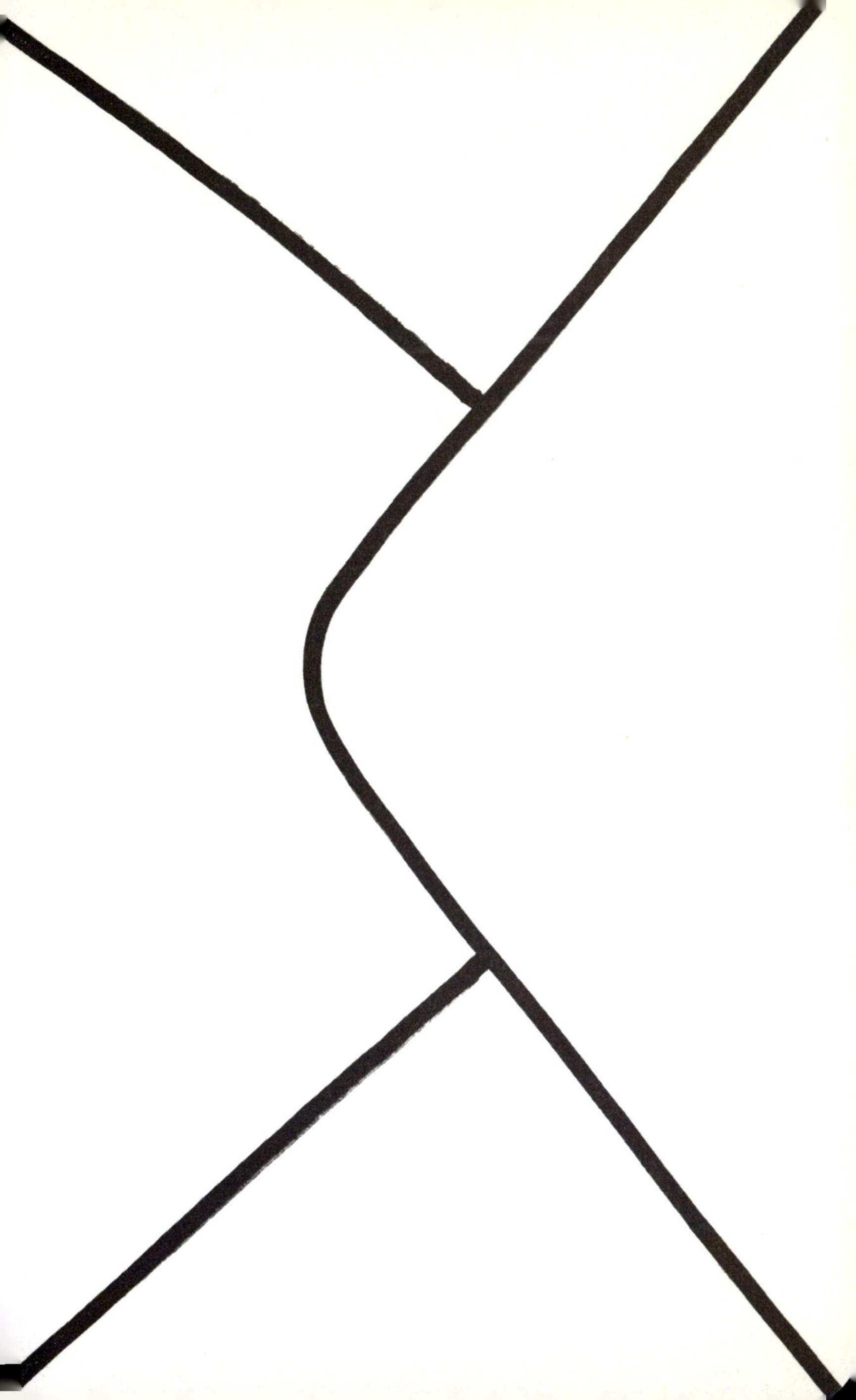

Briefgeheimnis

VERBRENNE
DIESE SEITE AUF
DEM GÄRTNERPLATZ

EINMAL IM LEBEN EIN REBELL SEIN

KLEBE HIER DIE ÜBERRESTE
ODER SCHMIERE HIER DIE ASCHE EIN.

SCHLIESS

DEINE

AUGEN

UND

DENKE AN

ALLES

BLOSS

NICHT

AN

MÜNCHEN

ÜBERSETZE, WAS DU SCHON KENNST ODER FRAG JEMANDEN

Bayrisch-Lexikon

NIMM AUF DEN FOLGENDEN SEITEN WEITERE BAYRISCHE SCHMANKERLN AUF

DIRIDARI	
FETZNGAUDI	
KRACHERL	
HOIWE	
G'SCHNECKELT	
GRISCHBAL	
IRXNSCHMOIZ	
SCHBEI'M	
RAUSCHADA	
SCHNAGGLER	

BEGIB DICH AN DIE ISAR UND
ZEICHNE IHRE FLIESSBEWEGUNGEN

PRESSE HIER
DEINE FUNDSTÜCKE
VOM ISARUFER

PRESSE HIER
DEINE FUNDSTÜCKE
VOM ISARUFER

ISARFLIP

FLIPPT FLACHE STEINE ÜBER DIE ISAR UND NOTIERT DIE ANZAHL DER AUFSCHLÄGE – WER AM MEISTEN HAT, GEWINNT DEN POKAL.

	RUNDE						
NAME	1	2	3	4	5	6	

ISAR
FLIP
Winner

WATE AN EINER GEEIGNETEN STELLE VON EINEM UFER ZUM

ISAR ÜBERQUERUNG

ANDEREN UFER UND LASS MICH DABEI SCHÖN IM TROCKENEN

GEHE AN DIE ISAR,
SUCH DIR EIN STÜCK
GRILLKOHLE UND HALTE
DEN MOMENT IN EINER
KOHLEZEICHNUNG FEST

VERTEILE SCHMEICHELEIEN AM EISBACH – BITTE DIE SURFER UM AUTOGRAMME

MALE MOSI EIN CRAZY KRAWATTENDESIGN UND SEINER DAISY EINEN NEUEN KOPFPUTZ

KAFFEEKLATSCH

SCHREIBE IM CAFÉ
DEMONSTRATIV DIE GESPRÄCHE
VOM NEBENTISCH MIT

ESPR
ESSIONI
SMUS

EXPERIMENTIERE MIT 1-2 ESPRESSI AUF DIESEN SEITEN, MALE ODER

Boazn

CHECK

BEGIB DICH NACH
GIESING UND SCHREIBE
DIE KURIOSESTEN NAMEN
DER BIERSTUBEN AUF
(ODER ERFINDE NEUE)

HOOD Ranking

VERTEILE DEINE TOP 8 VON MÜNCHENS STADTVIERTELN IN DIE MAIBAUMWAPPEN (BEGINNE OBEN LINKS)

STADTSAFARI

STEIGE IN DAS NÄCHSTBESTE VERKEHRSMITTEL UND LASS DICH TREIBEN. DOKUMENTIERE, WAS DIR WIDERFÄHRT (POTENZIELLES MATERIAL FÜR DEINEN GROSSSTADTROMAN ...?).

WEISSWURSTHIMMEL
ZUM AUSMALEN

Barfuss ODER LACKSCHUH?

HOF GARTEN ER FAHRUNG

STELLE DICH IM HOFGARTEN
AUF DIESE SEITEN UND VERSUCHE,
SO LANGE WIE MÖGLICH FÜR EINE
SKULPTUR GEHALTEN ZU WERDEN

WIE LANGE HAST DU DURCHGEHALTEN?

STELLE DEINE INDIVIDUELLE
PLAYLIST ZUSAMMEN
UND TEILE SIE MIT FREUNDEN

1. ....

2. ....

3. ....

4. ....

5. ....

6. ....

7. ....

8. ....

9. ....

10. ....

11. ....

12. ....

13. ....

14. ....

HAST DU DAHEIM EIN TELEFON? DES TÄT ICH MIR GERN MAL ANSCHAUN
MAL DEM MONACO EINEN HEILIGENSCHEIN

»A BISSERL WAS GEHT IMMER.«

„Machts nur so weiter."

„EHRLICH GESAGT, ICH INTERESSIERE MICH WAHNSINNIG FÜR FRAUEN."

„ABER FRÄULEIN, ICH MUSS IHNEN GLEI SAGEN, ICH BIN ZU NIX GEEIGNET. ICH BIN FURCHTBAR FAUL UND DABEI SEHR VERGNÜGUNGSSÜCHTIG."

»SIE SIND JETZT WIRKLICH WAHNSINNIG NETT ZU MIR GEWESEN. ICH WEISS GAR NICHT, WIE LANGE DAS SCHON HER IST, DASS EIN SO HÜBSCHES FRÄULEIN WIE SIE SO NETT ZU MIR GEWESEN IST.«

DER EWIGE

STENZ

GEHE IN EINER LAUEN SOMMERNACHT
AN DEN GÄRTNERPLATZ UND
TESTE DEINEN STENZQUOTIENTEN
NUTZ DIE SPRÜCHE VOM FRANZE
ODER TESTE UND ERGÄNZE,
DEINE EIGENEN.

DETEKTEI MONACO

BESCHATTE UNBEMERKT EINEN HARMLOS-AUFFÄLLIGEN PASSANTEN UND DOKUMENTIERE DEINE ERMITTLUNGEN

PROTOKOLL

DATUM

ZEIT

ZIELPERSON

VERDACHTSMOMENT

RESÜMEE

PROTOKOLL

DATUM

ZEIT

ZIELPERSON

VERDACHTSMOMENT

RESÜMEE

PROTOKOLL

DATUM

ZEIT

ZIELPERSON

VERDACHTSMOMENT

RESÜMEE

SETZ DICH IN DEN PARK UND SCHREIBE
AN DEINEM *GROSSSTADTROMAN*

SCHWARZER TAG

BEISSE EIN LOCH AUS
DIESER SEITE
UND BRINGE LICHT
INS DUNKEL

MACH MIT DIESER SEITE, WAS DU WILLST

LASS DIESE SEITE MIT DIR MACHEN, WAS SIE MÖCHTE

← GUCKST DU

REISSE 2 GUCKLÖCHER
IN DIE SEITE UND BEOBACHTE
AUFFÄLLIG DIE (NACKERTEN) LEUTE
IM E-GARTEN

links
ISAR

ISAR
rechts

MONACO
RAPATTACK

SPITTE EIN PAAR 16ER
AUF BAYERNS HAUPTSTADT
UNTER VERWENDUNG
FOLGENDER BEGRIFFE:

GSCHISS
MONOPTEROS
NA SERVUS
SCHLOSS NYMPHENBURG
SAUBANDE
Venus vom Westend
BIERSEE
HASENBERGL
KOSMOS
GIASINGA BUAM

MÜNCHEN

KETCHUP KUSSMUND

GEHE IN DEN BERGWOLF,
CURRYWURST ESSEN,
UND KÜSSE DIESE SEITE

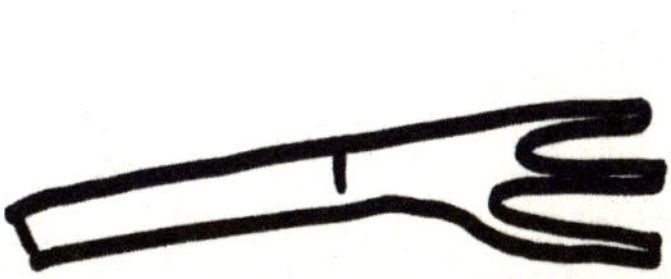

GRAVIERE DEINEN LIEBSTEN
TRINKSPRUCH (ODER ERFINDE EINEN)
IN DEN BIERKRUG

ERÖFFNE DEINEN
EIGENEN STAMMTISCH
(IN FREIER WILDBAHN)
UND REGE HITZIGE DISKUSSIONEN AN!

Stammtisch

ERFINDE EINE
LÜGE ÜBER MÜNCHEN
(UND VERBREITE SIE)

TACKERE ODER KLEBE
AUF DER NÄCHSTEN DOPPELSEITE
DEINE ERINNERUNGSWÜRDIGSTEN
EINTRITTSKARTEN FÜR
KONZERTE, KINO, AUSSTELLUNGEN
USW. EIN

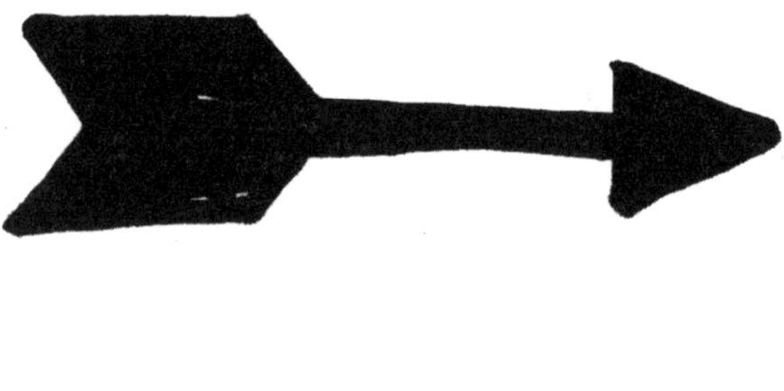

EINTRITTS MEMOIREN

STADION TRÄUME

MALE DAS MÜNCHNER STADION IN DEN FARBEN DEINES LIEBLINGSVEREINS AUS

SEI EIN ENGEL DES FRIEDENS
UND SCHICKE DIESEN PAPIERFLIEGER
MIT DEINER PEACE MESSAGE
VOM FRIEDENSENGEL AUS

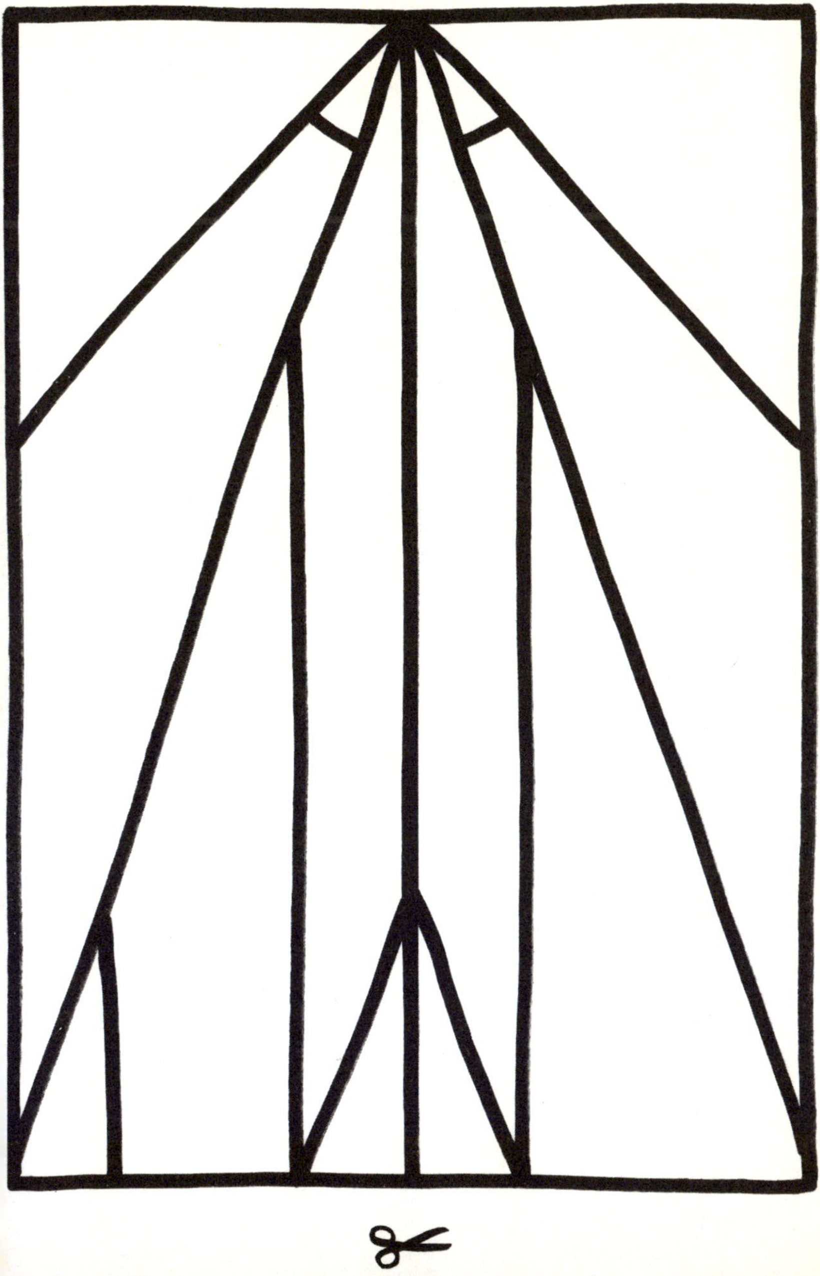

ZEFIX

NIX

STELL DIR SELBST
EINE AUFGABE
UND BEARBEITE SIE
AUF DIESEN SEITEN

WIRTSCHAFTSWUNDER

SCHÖPFE EIN PROGRESSIVES
KUNSTWERK, INDEM DU IN DER
GASTWIRTSCHAFT DIE BIERDECKEL
AUF DIESEN SEITEN UMRAHMST

MONACO MIO

BENENNE UND KOLORIERE
(MIT DEINEN LIEBLINGSSORTEN)
DIESE EIS-CRÉATION

←

GIB DIESE 10.000 EURO
BEIM WINDOWSHOPPING AUF
DER MAXIMILIANSTRASSE AUS

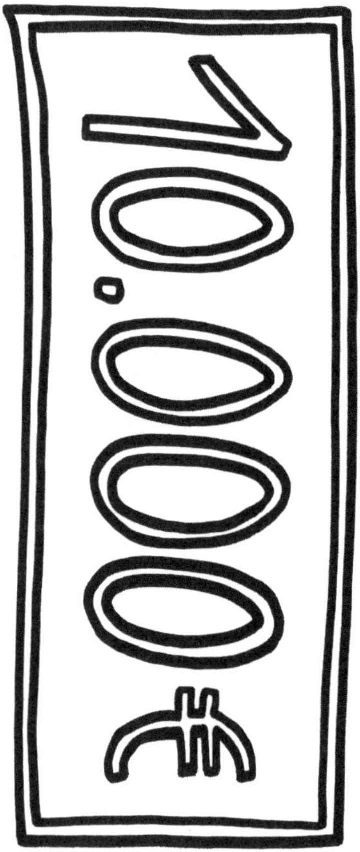

WAS HAST DU GEKAUFT?

SETZ DICH IN DIE U-BAHN
UND ÜBE EIN BISSCHEN ...

(UND LASS DICH
DABEI FILMEN)

SCHREIBE HIER DEIN
PEINLICHSTES MÜNCHNER
ERLEBNIS AUF UND NÄHE
DIE SEITEN ZUSAMMEN

...PSSSST

SCHREIBE DIE LUSTIGSTEN NACHNAMEN IM LEHEL AUF, DIE DU FINDEN KANNST

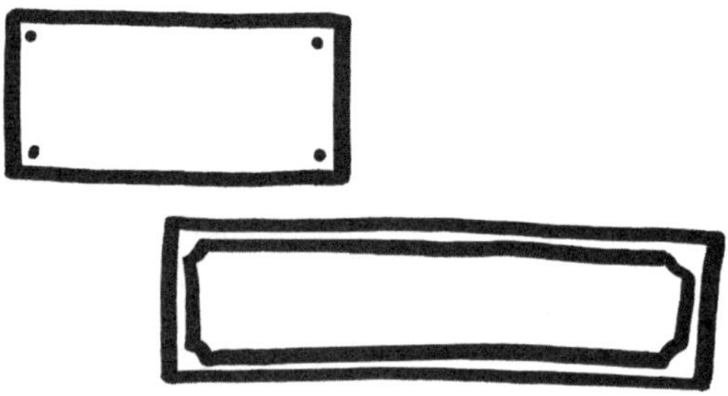

IMPRESSUM

1. AUFLAGE 2017

KONZEPT, TEXT UND ILLUSTRATION
ANNETTE GRANADOS HUGHES/
STUDIO GRANADA

KONZEPT UND PROJEKTLEITUNG
C.C. SCHMID, CAROLIN SCHMID

LEKTORAT
JENS BEY

PRINTED IN GERMANY

ANDERE MACHEN'S AUCH
YEAY
MACH'S in HAMBURG
SPIEL MIT DEINER STADT
Start
Malte Knaack
YAY
HANDS UP
VON MALTE KNAACK

VON BJÖRN STEINMETZLER
MACH'S IN KÖLN
SPIEL' MIT DEINER STADT
MACH'S MIT HERZ
ES LIEGT IN DEINER HAND
WOLFGANG GRILLITSCH
mach's in berlin
SPIEL' MIT DEINER STADT
MARZAHN
KREUZBERG
UNTER DEN LINDEN
STRASSE DES 17. JUNI
NEW COLLOGNE
WEDDING
MACH SO WEITER...
VON WOLFGANG GRILLITSCH
MARCO POLO

MALE EIN PAAR DRAMATISCHE »THE ENDS«
WIE AUS ALTEN SCHWARZ-WEISS-FILMEN

Aus

is.